PRINCIPES

CONCERNANT

LES EAUX PUBLIQUES

APPLICATION

AU

CANAL DE MARSEILLE

SOLUTION

DES DIFFICULTÉS RELATIVES A L'EMPLOI DES EAUX DE LA DURANCE DANS L'ÉCONOMIE
DOMESTIQUE, L'AGRICULTURE ET L'INDUSTRIE,

Approuvée par l'Académie des Sciences (Séance du 20 novembre 1865),

PAR

G. GRIMAUD DE CAUX

PARIS

GAUTHIER-VILLARS, IMPRIMEUR-LIBRAIRE

DES COMPTES-RENDUS DES SÉANCES DE L'ACADÉMIE DES SCIENCES

Quai des Grands-Augustins, 55

1867

PRINCIPES

CONCERNANT

LES EAUX PUBLIQUES

APPLICATION

AU

CANAL DE MARSEILLE.

Paris.— Imprimé chez Jules Bonaventure, quai des Augustins, 55.

PRINCIPES

CONCERNANT

LES EAUX PUBLIQUES

APPLICATION

AU

CANAL DE MARSEILLE

SOLUTION

DES DIFFICULTÉS RELATIVES A L'EMPLOI DES EAUX DE LA DURANCE DANS L'ÉCONOMIE
DOMESTIQUE, L'AGRICULTURE ET L'INDUSTRIE,

Approuvée par l'Académie des Sciences (Séance du 20 novembre 1865),

PAR

GRIMAUD DE CAUX

———

PARIS

GAUTHIER-VILLARS, IMPRIMEUR-LIBRAIRE

DES COMPTES-RENDUS DES SÉANCES DE L'ACADÉMIE DES SCIENCES

Quai des Grands-Augustins, 55.

———

1867

PRÉFACE

On rencontrera rarement un sujet plus précieux que
celui-ci pour l'étude de l'une des questions vitales qui intéressent le plus vivement les populations agglomérées,
principalement les populations des grandes villes. Par sa
nature, par l'étendue de ses proportions, surtout par
l'imprévu des questions qu'il soulève, le *canal de Marseille*
est un sujet de grande expérience. Il fournit la démonstration la plus éclatante de la nécessité où l'on est, quand
il s'agit d'*Eaux publiques*, d'examiner, avant toutes choses,
les qualités de l'eau que l'on veut amener.

L'étude des conditions locales, au point de vue de leur
influence sur ces qualités qui sont le fondement de la
santé publique, domine entièrement les études techni-
ques. Quand ces conditions ne sont pas bien appréciées
dès le principe, qu'on n'en a pas calculé d'avance toute
la portée, l'œuvre est compromise ; et avec elle sont com-
promis également et nécessairement les intérêts généraux
et particuliers qui en dépendent.

Et ici, par intérêts particuliers il faut entendre les intérêts des industries qui ont besoin d'une eau de bon aloi

pour s'établir et prospérer ; et par intérêts généraux, ceux qui concernent la santé et le trésor publics.

Voilà vingt ans que les eaux de la Durance coulent sur le territoire et dans la ville de Marseille ; et, malgré une foule d'essais coûteux, on n'est pas arrivé à rendre ces eaux propres à tous les usages. Évidemment, une telle impuissance, nonobstant l'habileté des ingénieurs qui se sont succédés dans la direction du canal, démontre qu'il ne faut pas persister plus longtemps dans des errements qui jusqu'à ce jour ont trompé toutes les espérances. L'inefficacité des bassins dits de *décantation* résulte de leur situation même. Comment ne pas voir que des bassins situés en contre-bas de la cuvette d'un canal, au-dessous de son horizon continu, sont de véritables gouffres et non pas des réservoirs? et qu'en voulant chercher le remède au mal dans le perfectionnement de tels bassins, on n'aboutira qu'à dépenser des sommes nouvelles?

Toute admiration doit être raisonnée. Il faut admirer les ponts et les souterrains du *canal de Marseille :* ce sont de grands travaux, exécutés grandement, avec magnificence, surtout avec résolution. Mais on peut se dispenser d'admirer et la prise d'eau et l'eau qu'elle amène, même les moyens imaginés pour la clarifier ; attendu que les petites industries de Poncerot, de Valloubier, et les bassins de Réaltor et de Sainte-Marthe ne pourront jamais remplir leur but, comme il a été prouvé par l'événement.

L'admiration ici est un préjugé dont l'influence trouble l'esprit et empêche de voir les défauts de l'œuvre là où ils sont ; et il n'y a pas lieu de s'écrier : *le maître l'a dit.*

Au surplus, l'administration supérieure l'a fort bien compris, quand, par l'organe de M. le sénateur de Maupas, elle a affirmé que l'œuvre avait été « imparfaitement étudiée à ses débuts. »

Mais, en signalant avec juste raison une imperfection semblable, n'y aurait-il pas eu quelque avantage à ne pas laisser dans l'ombre des études scientifiques approuvées, et un rapport solennel dans lequel le point capital de cette imperfection était nettement indiqué? On a donné un relief exclusif à des projets nés au sein de l'Administration, on est resté ainsi trop littéralement confiné dans des limites hiérarchiques, et on a livré à une réunion de spécialités presque disparates le jugement d'une question pour l'examen de laquelle la compétence n'était pas acquise à chacun.

Toutefois, il faut être juste. Quels moyens avait-on de mieux étudier l'œuvre, quand M. de Mont-Richer s'est voué à son exécution? Pour le côté hygiénique, pour la difficulté présente, il n'y avait absolument rien avant le livre : *Des Eaux publiques*. Pour le côté technique, l'enseignement des ponts et chaussées manquait d'éléments; on ne possédait que le modeste *Essai* de Genieys, car le traité de M. J. Dupuit n'a vu le jour qu'en 1854 [1].

L'œuvre du *canal de Marseille* a donc été réellement une création de M. de Mont-Richer, au même titre que l'a été l'œuvre de Toulouse pour d'Aubuisson, l'œuvre de Dijon pour Darcy.

---

[1] L'avenir promet plus de richesses. D'immenses travaux précédés d'études hydrologiques très-complètes ont mis dans les mains d'un ingénieur que la science et l'art ont rendu habile l'ensemble des questions auxquelles peut donner lieu l'*hydraulique des Eaux publiques*. Quand la distribution de Paris sera terminée, sans doute M. Belgrand couronnera son œuvre par une description complète et détaillée ; et cette description sera elle-même l'une des bases les plus solides de l'enseignement pratique dont il s'agit.

Comme ingénieur des ponts et chaussées, M. de Mont-Richer a trouvé en lui-même des ressources pour surmonter les difficultés de la canalisation, et ces difficultés étaient immenses. Aussi le poëte Méry a-t-il pu lui dire en toute vérité dans des stances qu'on lira à la fin de cet écrit, et que son frère Louis Méry a bien voulu nous confier :

> L'eau trouve sous vos pas des routes inconnues,
> Votre main a creusé des sillons dans les nues
> Et des abîmes sous les monts.

La solution que renferme le présent écrit a été approuvée par l'Académie des sciences, sur un rapport fait par le général Morin, au nom d'une commission composée de MM. Dumas, Péligot, et Morin, rapporteur.

Il doit nous être permis d'insister sur cette dernière particularité, laquelle aussi ne doit être ignorée de personne.

Dès son entrée en exercice, le Conseil municipal actuel s'est montré plein d'ardeur pour mener à bonne fin la question du *Canal*. Chacun de ses membres comprend que jamais il ne lui sera donné de rendre à la patrie commune un service plus immédiat et d'une plus grande valeur. La tâche qui lui incombe aujourd'hui est de celles dont le bénéfice doit profiter aux générations à venir non moins qu'à la génération présente, et par conséquent assurer à l'édilité marseillaise de 1867, comme à celle de 1834, la reconnaissance de la postérité.

Paris, 5 avril 1867.

PRINCIPES

CONCERNANT

LES EAUX PUBLIQUES

APPLICATION

AU

CANAL DE MARSEILLE.

I.—COUP D'ŒIL HISTORIQUE.

Dériver les eaux de la Durance est une idée qui a occupé, pendant plusieurs siècles, des esprits éminents, dans le but de fertiliser, en l'arrosant, le territoire situé entre cette rivière et la mer.

Adam de Craponne, le premier, a tenté de mettre cette idée à exécution. Son projet remonte à l'année 1558. Il prenait la Durance au rocher de Canteperdrix; il en distribuait les eaux dans une grande partie de la Provence, dans le territoire d'Aix, et il venait arroser Marseille. De ce projet, il reste le canal de Craponne, dont la prise est bien au-dessous de Canteperdrix, à 15 kilomètres environ, en aval du pont de Pertuis. Ce canal de Craponne joint Arles à la Durance : il a pour embranchements principaux le canal des Alpines et de Boisgelin, le canal d'Istres qui longe l'étang de Berre, et le canal de la Touloubre, près de Saint-Chamas. Adam de Craponne mourut sans voir la fin de ces travaux.

En 1750, Floquet reprit les idées d'Adam de Craponne; il fit sa prise d'eau à Canteperdrix. Les vestiges de son canal existent encore en un endroit appelé le *Logis-d'Anne*. A trois kilomètres de Canteperdrix, en aval, on voit une tranchée dans le rocher. L'exécution, d'abord entravée par des embarras financiers, fut arrêtée complétement par les événements de la révolution.

D'autres projets se succédèrent sans aboutir. En 1834, M. Bazin proposa de dériver 25 mètres cubes par seconde. Il avait en vue les besoins d'Aix et de Marseille exclusivement.

Marseille adopta le projet Bazin et se chargea des deux tiers de la dépense, laissant l'autre tiers à la ville d'Aix et au département. Le conseil général de l'époque refusa son adhésion.

Après d'inutiles tentatives de puits artésiens, qu'on aurait pu se dispenser de renouveler, —l'inconnu aura toujours de l'attrait pour la foule,—mais surtout à la suite d'une sécheresse extraordinaire qui provoqua dans la population les plus grandes souffrances, le conseil municipal de Marseille prit une décision énergique dont les termes méritent d'être rappelés :

L'exécution du canal est une résolution irrévocable : quoi qu'il arrive, quoi qu'il en coûte, le canal s'exécutera.

Ainsi, l'idée qui s'appliquait d'abord à tout le département a été réalisée en définitive pour la ville de Marseille et son territoire seulement.

Les premières études furent faites par MM. Kermaingaut et de Mont-Richer. Mais M. de Mont-Richer est resté seul à exécuter l'œuvre.

Les eaux de la Durance arrivèrent pour la première fois sur le territoire de Marseille le 8 juillet 1847. Le ruisseau des Aygalades en reçut les premiers flots. Au mois d'octobre suivant, elles purent atteindre le Jarret et se montrer à la ville, en longeant, avec ce ruisseau, les Chartreux, la Madeleine et Menpenti, pour aller déboucher dans l'Huveaune et, avec cette rivière, dans la mer, à l'extrémité du Prado. Le 19 novembre 1849, enfin, on inaugura leur introduction dans la rigole de Longchamp et dans la ville par le pont-aqueduc qui termine cette rigole au plateau des filtres.

Cette inauguration fut pour Marseille un grand jour de fête. La commission municipale, ayant à sa tête M. Max.

Consolat, ancien maire, et M. Nègre, premier adjoint, qui en remplissait les fonctions, se rendit à la naissance de la dérivation de Longchamp. Les eaux furent introduites en sa présence dans la rigole, on suivit leur marche pas à pas, sur une longueur de près de 6 kilomètres (5,758 m 05). Près d'arriver à l'extrémité de l'aqueduc de Longchamp, M. Nègre posa la dernière pierre de ce pont et leur livra passage. Les eaux se précipitèrent en nappe dans la galerie formée par le souterrain déjà percé sous l'emplacement du grand bassin de Longchamp. Ce premier flot fut salué par des salves d'artillerie, par le son des cloches, par des fanfares militaires, surtout par les acclamations les plus vives de la population réunie au sommet de Longchamp.

Mgr l'évêque étant malade, l'un de ses grands vicaires vint bénir l'œuvre, et la fête, couronnée par la charité, se termina par une distribution de six mille francs en pain et en viande aux indigents.

Les travaux avaient commencé en janvier 1839 ; l'eau coulait à Longchamp en novembre 1849 : l'exécution matérielle de l'œuvre avait donc duré près de onze ans.

II. — CE QU'A COUTÉ L'ŒUVRE ENTIÈRE.

Si l'on se demande combien a coûté l'œuvre entière, il est difficile d'arriver à un chiffre précis.

Dans son livre, imprimé en 1854, M. de Saint-Ferréol dit. . . . . 34,500,000 fr.

Ce chiffre comprend :

1° les travaux de la branche-mère. 18,000,000

2° les indemnités de terrains, les intérêts d'emprunt. 10,000,000

3° les travaux préparatoires, les plans, etc. . . . 6,500,000

Un autre chiffre a été fourni par M. Pascal dans son rapport du 22 août 1865, p. 15. « Ce canal, dit-il, dont la longueur est de 97 kilomètres et dont le débit peut aller à 10 mètres par seconde, a coûté pour frais de construction : . . . . 41,000,000 fr.

Dans un rapport précédent, à la date du mois de janvier 1863, M. Pascal s'était exprimé ainsi, page 37, portant ce chiffre à 50,000,000 fr.
Il parlait de fontaines monumentales, de jets d'eau, de cascades, etc. « Ce qu'une « ville, dit-il, qui a dépensé cinquante mil-« lions pour avoir de l'eau, a le droit de « réclamer... »

Pour comprendre qu'à Marseille on ne payera jamais trop cher un pareil élément de richesse territoriale et de santé publique, il faut demander ce que valaient les terrains avant l'arrivée des eaux et ce qu'ils valent aujourd'hui. Il faut se reporter à l'époque où le docteur Raymond, l'un des médecins les plus éclairés qu'ait eus Marseille, disait dans un excellent travail imprimé dans les *Mémoires de la Société royale de médecine de Paris*, dont il était membre (1777-78-79) : « Le climat de cette ville *excède* par l'intem-« périe sèche causée par l'état pierreux et sablonneux du « sol. » Alors, dans Marseille et ses environs, tout était dénudé, sec et poudreux. Dans des circonstances extrêmes seulement, les nuages venant de la mer s'arrêtaient sur ce sol pierreux qui, par sa propre réverbération, s'échauffait « jusqu'à 50 et 60 degrés. » (Raymond.) Ces nuages étaient repoussés vers les Alpes de Draguignan ou d'Embrun, vers le mont Ventoux et le long de la vallée du Rhône ; ou bien ils allaient se fondre dans les Cévennes, s'accrochant en route à la Tanargue et donnant lieu à cette exception autrefois singulière, maintenant parfaitement expliquée, d'une moyenne de pluie exorbitante, signalée à Joyeuse par les observations de M. Tardy de la Brossy.

On comprend dès lors que Marseille n'ait pas toujours eu d'eau à boire ; qu'à diverses reprises la disette d'eau y ait causé des épidémies ; qu'elle y ait donné lieu à des émotions populaires ; qu'enfin, en 1834, le maire se soit vu obligé d'invoquer le secours de la force armée pour garder le filet d'eau que la rivière de l'Huveaune fournissait encore. On comprend aussi que, malgré un soleil fécondant, cette roche calcaire dénudée n'ait jamais pu se couvrir que d'une maigre végétation.

Aujourd'hui il n'en est plus de même, l'air n'est plus sec et altérant, et le terrain a vu s'accroitre sa fertilité.

Tout cela est dû aux eaux de la Durance. La distribution de ces eaux ayant permis l'irrigation, la surface du sol s'est couverte de verdure ; la roche elle-même s'en est parée, comme s'en parent les sables d'Égypte partout où l'eau du Nil peut atteindre. La roche n'étant plus dénudée ne s'échauffe plus autant ; elle ne rayonne plus ; elle ne repousse plus les nuages avec la même énergie, tandis que le terrain constamment humecté fait perdre à l'air sa sécheresse et lui communique de la fraîcheur.

Gloire donc à ces administrateurs de la cité phocéenne qui, pour lui ménager de tels éléments de prospérité publique, n'ont point hésité même devant le danger de troubler momentanément ses finances !

III. — DESCRIPTION DE L'ŒUVRE.

L'eau de la Durance est amenée dans un canal long de 84 kilomètres. Elle arrive sur Marseille à 161 mètres au-dessus du niveau de la mer (altitude du seuil de la prise d'eau au pont de Pertuis, 186 mètres ; pente du canal, 0^m30 par 1,000 mètres : M. de Saint-Ferréol dit 150 mètres). Ce canal, c'est la branche-mère.

Pour embrasser la périphérie du territoire, pour contourner le bassin marseillais en le dominant, la branche-mère entre par les Aygalades, et marche droit sur Château-Gombert ; là elle se détourne presque à angle droit, pour aller, par les Olives, à la Valentine, d'où, après avoir fait un nouveau coude et tracé de nombreuses sinuosités, elle va se terminer à Montredon et à la mer.

Dans ce parcours de plus de 42 kilomètres, la branche-mère distribue toutes ses eaux, diminuant sa section au fur et à mesure qu'elle se vide.

Le territoire, ainsi embrassé, présente une surface d'environ 9,000 hectares, en amphithéâtre autour de Marseille. Les montagnes qui constituent cet amphithéâtre sont des contreforts de l'Étoile et de la Sainte-Baume. Il est ondulé par quatre vallées bien distinctes, dans le thalweg desquelles coulent le ruisseau des Aygalades, le Jarret et l'Huveaune.

L'eau s'y répand au moyen de cinq rigoles ou dérivations dont voici le détail et la provision :

St-Henry a un parcours de 4,000m., et peut fournir			1,000 lit. par seconde.	
St-Louis	6,000	—	500	—
Longchamp	6,000	qui amènent { pour le territoire	500	—
		{ pour la ville.....	1,500	—
St-Barnabé	10,000	—	1,500	—
Les Camoins	8,000	—	1,500	—
	34,000			
Le reste arrose Montredon avec			500	—
		Total..................	7,000 lit. par seconde.	

Le canal de Marseille comprend donc dans son développement intégral :

1° Pour la branche-mère, en pleine section   84,000 mèt.

2° Pour sa continuation, des Aygalades à Montredon, en sections graduellement diminuées. . . . . :   42,000

3° Pour les cinq rigoles. 34,000

        Total. 160,000

En tout 160 kilomètres.

Restait à mettre les eaux à la portée des propriétés particulières. Il a fallu pour cela niveler le terrain sur une longueur de.............. 500 kilomètres,
lever des profils transversaux
au nombre de....... 23,000
présentant un développement
de................... 3,400 kilom. ou 850 lieues.
Il fallait enfin pour les dessins 417 feuilles.

Ces chiffres, qui me sont fournis par M. de Saint-Ferréol,
ont de quoi réjouir les amateurs de statistique.

Dans une œuvre de pareille étendue et avec un sol des
plus accidentés, les travaux d'art sont multiples. Il n'entre
pas dans mon plan de les détailler. Je me bornerai à citer
les plus considérables, en les accompagnant d'une courte
description.

Prise d'eau. — La prise d'eau située sur la rive gauche
de la Durance en aval du pont de Pertuis se compose de
deux ouvrages. En saignant la rivière, il fallait la forcer à
diriger ses eaux vers l'orifice du canal. De là la nécessité
d'une digue transversale. Cette digue n'a pas moins de sept
mètres de largeur au couronnement et une inclinaison d'un
mètre sur deux cents mètres de la rive droite à la rive gauche.
Ainsi, pendant l'étiage, toutes les eaux sont forcées de passer
devant la prise, en aval de laquelle s'ouvre un pertuis d'é-
coulement de 40 mètres de large et d'un mètre et demi de
profondeur maximum.

La prise se compose de sept ouvertures d'un mètre de
large sur deux mètres de haut, fermées par des vannes en
fonte que l'on ouvre à volonté pour admettre dans le canal
la quantité d'eau nécessaire. Un pont surbaissé fait suite à
ces vannes et donne passage d'un côté du canal à l'autre;
deux maisons de garde, dont les murs qui se font face sup-
portent des treuils, ont été construites à ses deux extrémités.
A quelques mètres de là, sur la rive droite du canal et à
la gauche de la Durance, un réduit destiné à emmagasiner

le matériel de service et supportant un étage divisé en trois pièces sert de refuge au chef de section auquel sont confiés la manutention, la surveillance et la direction des travaux de la prise.

Le seuil de la prise est à 186 mètres au-dessus du niveau de la mer.

Au-dessus de la clé du pont, on voit une plaque destinée à recevoir une inscription : CANAL DE MARSEILLE. Ce serait trop simple et ne dirait rien ni de la grandeur de l'œuvre, ni du bienfait immense qu'elle a procuré à la troisième ville de l'empire. J'aime mieux l'inscription que la république de Venise a mise en tête du canal de la Seriola au Dolo, où elle a dérivé les eaux de la Brenta pour alimenter ses citernes quand l'eau du ciel leur fait défaut : *Hinc urbis potus*, dit l'inscription vénitienne ; style romain [1]. Que les Marseillais aient plus d'orgueil ; il doit leur être permis de se vanter de leur origine grecque dans des œuvres destinées à durer et qui le méritent. Mais l'inscription n'est pas gravée encore, et on peut prendre le temps d'y réfléchir et d'en composer une qui réponde à tous les sentiments aussi bien qu'aux exigences du style lapidaire.

Pour arriver à Marseille avec sa pente normale, le canal doit franchir sur arcades deux vallons, Jacourelle et Valbonnette, et deux cours d'eau, la Touloubre et l'Arc. Il doit passer, en trois longs souterrains, à travers la montagne de la Trévaresse et à travers deux chaînons de l'Étoile.

Le pont-aqueduc de Jacourelle a 9 arches de 6 mètres d'ouverture et 21 mètres d'élévation.

Celui de Valbonnette a deux arches de plus, mais sa hauteur n'est que de 19 mètres. Dans tous les deux, les arches sont à plein cintre, et leur élégance a été remarquée.

---

[1] Venise, c'était la ville par excellence, comme Rome autrefois. Dans les décrets et pièces officielles, elle est toujours appelée *la dominante* ; on ne disait jamais Venise.

Le souterrain des Taillades vient ensuite. Il passe sous la Trévaresse sur une longueur de 3,675 mètres, en perçant cette montagne au chaînon des Côtes. Par ce souterrain, le canal débouche dans la vallée de la Touloubre. Le nom des *Taillades*, donné à la localité, remonte au siècle dernier, où l'on déplaça la route d'Avignon à Marseille. Elle passait alors par Aurons. On voulut la diriger sur Lambesc, et il fallut *tailler* des collines. Le percement de ce souterrain, commencé en 1839, n'a pu être terminé qu'en mai 1847, et il a coûté 3,250,000 fr.

Pont de Valmousse.—Le canal passe la Touloubre sur le pont-aqueduc de Valmousse. C'est l'ouvrage le plus élégant de toute la ligne ; et cette élégance résulte autant de sa simplicité que de la pureté des lignes et de l'harmonie des protions. Son ensemble présente un aspect grandiose ; il provoque même, jusqu'à un certain point, cette sorte d'admiration que l'on éprouve en voyant la façade du dôme de Vicence, ou l'intérieur du Redentore à Venise, deux œuvres de Palladio. Le pont de Valmousse, long de 200 mètres, se compose d'un seul rang d'arcades au nombre de 20, ayant 8 mètres d'ouverture et 27 mètres de hauteur. On l'admire surtout en venant de Lambesc par une route de traverse qui circule dans ce pays abrupt. On domine d'un peu loin le monument ; il vous apparaît de trois quarts. Si l'on veut en jouir en détail, il faut, quand on est parvenu à sa naissance, passer sur la rive droite du canal et s'avancer sur le chemin qui descend le long de l'escarpement au fond duquel coule la rivière.

Pont de Roquefavour.—Mais l'œuvre d'art la plus considérable est le pont de Roquefavour, que le canal rencontre après avoir parcouru 30 kilomètres à travers des coteaux de la plus grande aridité. La rivière de l'Arc, qu'il lui faut franchir, passe là à travers un escarpement qui a obligé à soutenir la cuvette du canal à la hauteur de 82 mètres sur une longueur de 375 entre les culées. Ce pont est à trois étages. Au premier, 12 arches de 15 mètres d'ouverture; au second, 15 arches de 16 mètres; et au troisième, 53 de 5 mètres. Ce pont fait un assez bel effet dans la campagne, mais de loin seulement. Plus on s'en rapproche et plus on s'étonne. Mais c'est un grand géant; il n'a que des jambes.

Ses membres disproportionnés ne provoquent l'admiration en aucune manière. Aussi, ceux qui le mettent en parallèle avec le pont du Gard se hâtent-ils de faire remarquer combien ce dernier lui est inférieur par l'élévation.

> Nous pouvons contempler du haut de votre taille
> L'humilité du pont du Gard,

a dit le poëte Méry dans une de ses strophes.

C'est en effet là le seul mérite architectural du pont de Roquefavour, dont, au reste, la bonne construction et les détails de son assise seront toujours admirés des ingénieurs des ponts et chaussées.

Le souterrain de l'Assassin perce un chaînon de l'Étoile sur une étendue de 3,474 mètres.

Un autre chaînon de l'Étoile est traversé par un dernier souterrain de 3,491 mètres : c'est le souterrain de Notre-Dame, débouchant à peu de distance du ruisseau de la Gavotte, où il touche enfin aux limites du territoire de Marseille.

IV.—Objet réel de l'œuvre.

Quand on crée un canal ou un aqueduc, on n'a pas pour but de construire des ponts et des souterrains. L'objet exclusif d'un tel ouvrage, c'est d'amener de l'eau d'un lieu dans un autre. A ce point de vue de l'eau, il faut considérer deux choses, sa quantité et ses qualités. S'il s'agit d'un canal de navigation, la qualité de l'eau est indifférente ; on a besoin de considérer sa quantité seulement. Mais s'il s'agit d'approvisionner une population, ce n'est plus seulement à la quantité de l'eau qu'il faut s'arrêter, c'est, avant tout, à ses qualités physiques et chimiques; car une eau qui serait impropre à satisfaire aux besoins généraux de la population à laquelle on l'a destinée serait plus nuisible qu'utile. La santé publique est intéressée à ce que l'eau soit pure. L'eau, en effet, constitue partout l'une des premières nécessités de l'existence humaine. On en boit tous les jours, elle entre dans la confection du pain, dans la préparation des aliments. Or, une substance viciée prise en quantité minime, mais chaque jour, finit par être nuisible; elle constitue une cause permanente d'insalubrité. Aussi la moindre amélioration apportée dans le régime des eaux d'une population a-t-elle toujours eu pour conséquence une diminution dans le chiffre de la mortalité générale.

La construction des ponts-aqueducs, le percement des souterrains, la détermination du tracé d'un canal et son exécution sont des affaires d'ingénieur. Mais le choix de l'eau que de pareils ouvrages doivent conduire, la détermination de ses qualités, la recherche et l'indication des moyens de corriger ses imperfections quand il y a lieu et jusqu'à quel point la chose est possible, c'est l'affaire de l'hygiéniste.

Il y a donc toujours deux questions à résoudre quand il s'agit d'amener de l'eau à une population au moyen d'un aqueduc. Il y a la question des qualités de l'eau et de sa quantité, et il y a la question concernant les moyens de la conduire.

V.—CONDITIONS DE L'EAU DE LA DURANCE.

Le *canal de Marseille* amène les eaux de la Durance. Ces eaux sont d'une excellente qualité au point de vue chimique. Elles sont dans la condition de toutes les eaux de rivière qui roulant à l'air libre et au soleil, par l'évaporation se dépouillent de la presque totalité des sels qu'elles entraînent à l'origine, et se saturent en même temps d'oxygène, dont l'action comburante anéantit tous les éléments putrescibles ; ces éléments se rencontrent le long de leurs rivages quand des marais temporaires s'y forment à la suite de débordements et même de simples crues, pour peu que la disposition des localités vienne s'y prêter.

Le 22 mai 1865 je me trouvais sur les bords de la Durance et j'en considérais le limon qui, ce jour-là, avait une couleur grise. Ces eaux répandaient une mauvaise odeur. Cela arrive toutes les fois que la rivière change de lit : *pluribus simul neque iisdem alveis fluens nova semper vada, novosque gurgites faciens*, dit Tite-Live. Le lit qu'elle abandonne se couvre çà et là de végétation ; les mares plus ou moins larges et toujours peu profondes qui sont éparses dans le lit abandonné se peuplent d'animalcules et de végétaux aquatiques mis bientôt à sec et privés de vie par l'évaporation. La rivière revenant emporte toutes ces décompositions végétales ou animales, dont les émanations désagréables se font sentir encore et pendant un certain temps à plusieurs kilomètres en aval du point où elles ont été recueillies. Telle est la condition des rives de la Durance à la prise d'eau : *nullis coercitus ripis* (Tite-Live), principalement depuis la pointe de l'angle qu'elle dessine en amont de Peyrolles jusqu'au pont de Pertuis.

L'eau de la Durance a donc ce défaut à l'entrée même du canal, à la prise ; mais, comme il a été dit précédemment, ce défaut se corrige par le mouvement de l'eau à l'air libre et au soleil ; et, pour le canal de Marseille, on peut n'en point tenir compte.

A l'instar de toutes les eaux de rivière, celles de la Durance sont plus ou moins troubles, et dès le principe on a reconnu la nécessité d'employer des moyens spéciaux pour leur donner un peu de transparence.

Pour cela on a construit trois bassins sur la ligne de la branche-mère, un quatrième bassin sur la rigole de Longchamp, et un bassin filtrant à l'arrivée des eaux à Marseille.

Les trois bassins de la branche-mère sont constitués par des vallons. Le canal traverse ces vallons en chaussée; il les barre jusqu'au niveau de l'eau qui remplit sa cuvette. En amont le vallon présente donc un bassin triangulaire fermé, dont un côté, celui du barrage, s'élève perpendiculairement, tandis que les deux autres côtés, formés par les flancs du vallon, sont inclinés, et dessinent à leurs pieds en se rencontrant un thalweg qui n'est que la continuation ou plutôt le commencement du thalweg de la vallée.

Ces trois bassins ont été destinés à fonctionner de la manière suivante :

Les eaux arrivant à l'entrée du barrage rencontrent un obstacle qui les empêche de continuer leur droit chemin. Elles se jettent par côté dans le bassin qu'elles remplissent. Quand le bassin est plein, l'eau arrivant toujours déborderait, mais elle trouve une autre issue à l'extrémité opposée, par laquelle le trop-plein du bassin rentre dans le canal. L'eau qui rentre dans le canal parcourt donc dans le bassin un espace en longueur égal à la longueur du barrage.

Il y a un bassin semblable à Poncerot, non loin de la prise. Son étendue en superficie représente un peu plus d'un hectare ; on ne sait pas comment l'eau mettrait deux heures à le traverser, ainsi qu'il a été dit dans un travail imprimé. Deux autres bassins presque contigus et communiquant par un souterrain se rencontrent après Roquefavour : ce sont le bassin de Valloubier et celui de la Garenne qui, ensemble, représenteraient environ 6 hectares.

On avait fondé beaucoup d'espérances, pour la clarification de l'eau, sur le bon fonctionnement de l'ensemble de ces bassins ; mais l'usage des derniers a été abandonné. Celui de Poncerot satisfait, dit-on, davantage, et, pour cela, on le conserve.

J'ai visité ces trois bassins à plusieurs reprises. Le 11 mai 1865, j'étais en compagnie de M. César Arnaud, mon compatriote. Nous allâmes directement d'Aix à Realtor, où un cinquième bassin est projeté depuis M. de Mont-Richer. Après avoir examiné ce vallon dit de la Mérindolle, et son barrage de 19ᵐ de hauteur au centre et de 600ᵐ de longueur en travers du vallon, nous prîmes avec la voiture le chemin qui longe la Mérindolle sur la rive gauche. Arrivés au château *des Tours*, nous fûmes obligés de demander des informations pour aller rejoindre à pied et à travers des sentiers le point du canal où sont les deux bassins de Valloubier et de la Garenne. « Voilà des produits de ces bassins que vous allez « visiter, » nous dit le propriétaire *des Tours*, qui voulait bien nous renseigner. Et il nous montrait un ruisseau plein d'eau trouble. « Cette eau, ajouta-t-il, a séjourné dans « ces bassins, et il s'en écoule sans cesse ; maintenant ce sont « les pluies qui alimentent ce petit courant où, comme vous « voyez, la boue ne manque pas. Ces bassins ont fait bien « du mal dans le vallon. » Et il ajoutait en nous montrant une ferme perchée sur une pointe de rocher surplombant le vallon : « Ils étaient neuf dans *le ménage* que j'ai là ; ils « n'étaient pas dans le cas de se donner un verre d'eau l'un « à l'autre ; la fièvre les étranglait tous... » La boue qui tapissait les bassins était en effet ravinée au fond et sur leurs parois.

Le bassin de Sainte-Marthe, sur le parcours de la rigole de Longchamp, fut destiné à l'alimentation de Marseille pendant les jours de chômage du canal. Quand il est vide, il peut contenir 240,000 mètres cubes d'eau. Aujourd'hui les boues de la Durance le remplissent.

Le bassin filtrant se trouve à l'extrémité de la rigole de Longchamp. Les eaux tombent dans un hémicycle percé d'ouvertures munies de vannes qui communiquent avec un réservoir souterrain à deux étages. Le sol de l'étage supérieur, percé de petits trous, fut garni de couches de gravier et de sable de diverses grosseurs. L'eau devait traverser ces couches et laisser le limon dans leurs interstices. Quand les couches auraient été salies, l'eau devait être introduite directement dans le bassin inférieur, prendre, par dessous, le limon déposé, le soulever en quelque sorte et le rejeter dans un égout.

Il ne faut pas séjourner longtemps à Marseille pour s'apercevoir que les services du bassin de Poncerot sont peu sensibles, et que les bassins de Valloubier, de la Garenne, de Sainte-Marthe, ainsi que le bassin-filtre de Longchamp, ne servent de rien.

VI.—EFFETS DE LA VITESSE DE L'EAU. MOYENNES DU LIMON.

La pente détermine la vitesse de l'eau dans un courant et la vitesse de l'eau provoque l'entraînement des parties constituantes du terrain qui forme le lit. C'est par la vitesse que l'eau creuse le fond des rivières et ronge leurs bords.

Avec sa pente de 0,0025, la Durance roule les pierres cassées, et, dans ses grandes eaux, des rochers ; *saxa glomerosa volvens*, disait Tite-Live, dont Silius Italicus a traduit la description dans les vers suivants :

> ....Alpibus ortus ,
> Avulsas ornos et adesi fragmina montis
> Cum sonitu volvens, fertur latrantibus undis.

La pente de 0,0003 qui a été donnée au canal de Marseille lui permettrait de rouler des cailloux et des graviers, à plus forte raison les sables, les argiles tendres et les terres détrempées. Telle est la loi physique à laquelle il a été soumis par sa construction ; tout ce qu'on laisse pénétrer par l'ouverture des vannes à la prise est forcément entraîné dans la cuvette jusqu'aux débouchés, sans que rien puisse être déposé en route. Une goutte d'eau pousse l'autre avec une égale impétuosité, en comptant 0^m84 de chemin par seconde ou vingt minutes par kilomètre, vitesse moyenne de la surface du courant ; chaque goutte d'eau de la Durance met vingt-huit heures de temps pour parcourir toute la longueur du canal, depuis la prise au pont de Pertuis jusqu'à l'entrée du territoire de Marseille. Ceci est le calcul du régime établi.

Il n'en pouvait être de même la première fois qu'on mit de l'eau dans la cuvette. Dans tout canal où l'on met de l'eau pour la première fois, le périmètre mouillé commence par s'établir et la marche du flot initial en est retardée. On raconte à ce propos que des curieux empressés se fiant au calcul qu'on leur avait fait avec des x vinrent attendre l'arrivée de l'eau à la sortie du souterrain des Taillades. On avait préparé un déjeuner sur l'herbe et l'on devait faire des libations de vin de Champagne pour saluer la Durance. Cette nymphe échevelée et toujours furibonde n'apparut ni au déjeuner ni au dîner; il fallut ce jour-là revenir à Marseille sans avoir goûté de ses eaux.

La moyenne annuelle de la quantité de limon mêlée à l'eau de la Durance et entraînée par le *canal de Marseille* a été plusieurs fois calculée.

1. Selon M. le directeur Pascalis, à l'époque des plus grands *troubles*, la Durance entraîne jusqu'à 0,04 de limon. (Étude *sur la clarification des eaux de Marseille*, par M. Fortuné Pascalis, ingénieur, directeur du canal de Marseille. *Marseille*, 1865, page 13.)

2. Des observations faites avec soin, pendant une année, par M. Bernard, ingénieur à Arles, établissent que la proportion moyenne de limon est de 0,001. (*Ibid.*, pages 19 et 20.)

3. M. Pascalis voulant aussi, de son côté, avoir une moyenne, a observé le dépôt pendant le courant de l'année 1863, et il a trouvé le chiffre de 0,00026. (*Ibid.*, page 20, en note.)

4. Une autre moyenne a été publiée par M. Hervé-Mangon, ingénieur des ponts et chaussées et professeur au Conservatoire des arts et métiers, dans un mémoire inséré au n° X, année 1864, des *Annales* de ce dernier établissement. « Pendant une année entière, dit le général Morin, il a fait recueillir, à midi, à Mérindolle, une certaine quantité de l'eau de la Durance, dont on a, tous les mois, décanté le dépôt limoneux. Ces observations ont montré que chaque mètre cube

d'eau passé devant le point où les échantillons avaient été recueillis contenait $0^{m.c.}000917$ de limon. (Voy. Comptes rendus des séances de l'Académie des sciences, tome LXI, page 895; Rapport *sur un mémoire* présenté par M. Grimaud de Caux sur les améliorations à apporter au canal de Marseille. Commissaires : MM. Dumas, Péligot; Morin, rapporteur.)

5. Une dernière moyenne enfin est fournie par M. Pascal : « la proportion de limon a été trouvée jusqu'à trois centi-« litres par litre d'eau. » (V. *Clarification des eaux du canal de la Durance*. Projets divers présentés. Rapport de M. Pascal au nom de la commission consultative des bâtiments civils du département, composée de MM. E. Ducos, Nolau, H. Espérandieu, Bonnet, Constant; Pascal, rapporteur, page 16.)

Voilà donc cinq moyennes, dont deux se rapportent aux grands *troubles* et trois sont annuelles.

Ici se présente une réflexion. Quand il s'agit d'un service extemporané, qu'on ne peut pas prévoir, mais dont on ne peut pas se dispenser, il faut mettre de côté les moyennes et baser l'exécution sur la plus forte charge que le service impose. Il en doit être ainsi de toutes les questions qui touchent aux eaux publiques : dans le cas présent, c'est au chiffre de M. Hervé-Mangon qu'il faudra s'arrêter. On conçoit qu'en effet ce serait exagérer les précautions que de prendre pour base les grands troubles, attendu que ce sont des exceptions pour lesquelles un service extraordinaire peut être commandé et obtenu sans difficulté.

Le problème définitif se réduit donc à ceci : avant d'introduire dans le canal dix mètres cubes d'eau de la Durance, il faut en éliminer par jour plus de 792 mètres cubes de limon. $(10^{m.c.} \times 86400 = 864000 \times 0,000917 = 792,288.)$

Le limon de la Durance contient 56 parties d'argile et près de 40 parties de chaux, d'après les analyses de M. Pisani et de M. Mangon. Il est tantôt gris, tantôt rouge et quelquefois noir. Quelle que soit sa couleur, il est toujours nuisible aux jeunes plantes, qu'il étouffe par sa ténuité. Il est gluant en outre, et c'est pourquoi dans les rues et sur les places que l'on vient d'arroser, il s'attache par plaques à la chaussure comme une véritable colle. Ces plaques enlevées, le sol est sec en dessous, l'eau ne s'est pas infiltrée, et quand l'évaporation est complète, ce qui a lieu en peu d'instants, la surface du sol apparaît fendillée, comme les bords d'une rivière dont les eaux d'inondation viennent de se retirer. Lorsqu'ensuite les molécules limoneuses de plus en plus desséchées cèdent sous les pieds à la marche, il en résulte un accroissement de poussière devenant, en vertu de sa finesse extrême, et par les grands vents, plus incommode à Marseille que partout ailleurs. Les allées des jardins ne restent point sablées, il suffit de deux ou trois arrosements pour que les grains de sable soient agglutinés et salis ; et ces curieux effets d'agglomération sont permanents.

Et cela est ainsi depuis vingt ans, c'est-à-dire depuis que le canal est creusé, depuis que l'on a ouvert la route de Marseille aux eaux de la Durance.

La question de l'eau sera toujours la question principale dans ces sortes d'œuvres. Pour la résoudre, on ne saurait trop le répéter, il ne faut pas seulement le concours d'un ingénieur habile et possédant toutes les ressources de son art, il faut aussi les lumières du physicien et de l'hygiéniste. Sous ce rapport, le canal de Marseille est un grand enseignement. Il a coûté cher ; mais il fournit de cette vérité une démonstration solennelle et irréfragable.

VII.—DIFFICULTÉ IGNORÉE.

Dans le principe on a cru que la difficulté dont il s'agit ici était peu considérable, et qu'elle serait surmontée facilement. A ce propos, il me sera permis de rappeler un incident.

J'étais à Marseille à la fin de l'année 1847, et j'eus l'occasion de m'entretenir avec M. de Mont-Richer. Voici les paroles que j'ai consignées sur mon journal, à la date du samedi 4 décembre. Elles montrent quelle était alors la préoccupation de M. de Mont-Richer : « Marseille, me dit-il, « en faisant son canal, a eu pour objet l'arrosement de ses « campagnes et le nettoyage des rues et du port. Nous « n'avons pas à nous préoccuper des nécessités de la boisson. « Chaque maison a son puits, et les fontaines publiques ne « sont qu'un ornement... » Et quand je lui dis que la Durance avait toujours eu une mauvaise réputation sous le rapport de la limpidité de ses eaux : « Nous avons, me « répondit-il, de grands bassins de dépôt qui nous la ren- « dront claire... » Si j'avais connu la condition des bassins dont il voulait parler, j'aurais eu d'autres remarques à faire, et ces remarques auraient été accueillies; car M. de Mont-Richer, ainsi que mes notes le caractérisent, était un homme jeune, actif, plein d'intelligence et de modestie. Or, ce sont là des qualités dont la réunion peu commune est l'apanage du vrai mérite, de ce mérite qui, toujours en défiance de lui-même, est toujours prêt à profiter de l'expérience d'autrui.

Évidemment M. de Mont-Richer ne s'était jamais préoccupé du côté hygiénique de la question. Lorsque plus tard l'éloge de son œuvre est venu sous ma plume, ma juste et sincère admiration a été dominée par le souvenir déjà lointain de cette conversation et des conséquences qu'il poursuivait exclusivement alors, si heureusement réalisées, puisque les rochers dénudés ont été transformés en riants paysages. (Voy. *Des Eaux publiques et de leur application aux besoins des grandes villes*, etc., page 328.)

Chaque maison a son puits, m'avait dit M. de Mont-Richer ; mais quelle était au moment même, et quelle est encore aujourd'hui, la condition réelle de ces puits et du sol dans lequel ils sont creusés? Et qu'en a-t-il été en tout temps de ces puits et des autres moyens de se procurer de l'eau pour la boisson, à Marseille, dans les temps de grande sécheresse ?

VIII.—QUESTION DE COMPÉTENCE.

M'occupant, depuis l'année 1837, de la question des Eaux publiques, ayant acquis une expérience particulière, et publié, sur ce riche sujet, le premier et le seul traité spécial qui existe, on comprend que j'aie eu connaissance des difficultés contre lesquelles se débat depuis vingt ans la ville de Marseille, et que j'aie eu l'idée de chercher à les résoudre. Pour cela il fallait étudier l'œuvre et apporter dans cette étude, avec l'expérience personnelle, les procédés rigoureux des sciences d'observation.

J'ai donc étudié le *canal de Marseille* pas à pas ; et chaque fois que j'ai cru tenir un résultat, je l'ai publié pour qu'on pût le discuter et le contredire. Et cela explique les huit Notes successives que j'ai communiquées à l'Académie des sciences ; sans compter que mes études en devaient acquérir d'autant plus d'autorité, qu'elles seraient mieux accueillies de ce corps savant, du premier corps savant du monde.

A cet égard je n'ai pas à me plaindre. Les études du *canal de Marseille* ont eu, je puis dire, une triple sanction. Chaque *Note* a été insérée intégralement dans les *comptes rendus*, ce qui constitue déjà une distinction spéciale. Ensuite, au point de vue de l'hygiène, elles ont reçu l'honneur d'une mention honorable dans la séance publique annuelle du lundi 6 février 1865. Qu'il me soit permis de citer ici un

extrait du rapport de la commission qui les a jugées. « Les
« travaux d'hygiène appliquée sont, en raison de leur im-
« portance, au premier rang parmi ceux que la commission
« des prix de médecine est appelée à récompenser. Les
« études que M. Grimaud de Caux a publiées dans cette
« voie sont le résultat d'une expérience de trente années...»
(Comptes rendus des séances de l'Académie des sciences,
tome LX, p. 606.) Lorsqu'enfin j'ai fait connaître le résultat
final, une commission composée de MM. Dumas, Péligot et
le général Morin, en a consacré les principes par une appro-
bation longuement motivée à la suite d'un rapport appro-
fondi dont les conclusions ont été adoptées à l'unanimité par
l'Académie. (*Ibid.*, tome LXI, séance du 20 novembre 1865.)

Ceci devait être dit pour répondre à ces esprits prévenus
qui penseraient qu'un diplôme est indispensable pour faire
de la science appliquée; que sans un brevet officiel nul ne
peut acquérir d'habileté pratique; qu'en un mot le brevet
est un signe certain de génie et d'infaillibilité.

Les diplômes et les brevets attestent des études et l'aptitude
jusqu'à un certain point. Les œuvres seules démontrent la
capacité et le génie spécial.

Boileau ne faisait qu'une épigramme quand il disait à
Claude Perrault :

> Vous êtes, je l'avoue, ignorant médecin,
> Mais non pas habile architecte.

La colonnade du Louvre est un chef-d'œuvre. Le peintre
Léonard de Vinci a construit le canal de navigation de Pavie
à Milan. Et Paul Riquet qui a fait le canal du Languedoc,
et Adam de Craponne et Floquet étaient-ils donc sortis de
l'École polytechnique? Mais laissons ces exceptions, quelque
nombreuses qu'elles soient, même de nos jours, et allons au
fond des choses; considérons les questions en elles-mêmes.

IX.—ÉTUDES PRÉLIMINAIRES.

J'ai attaqué l'étude du canal de Marseille par la rigole de Longchamp. M. le directeur Pascalis, avec une libéralité parfaite, avait bien voulu en mettre le profil à ma disposition. J'ai passé un mois à l'examiner ; j'ai visité tous les ouvrages de cette rigole depuis son origine à la branche-mère, au-dessus de Sainte-Marthe, jusqu'à Longchamp ; j'ai pu ainsi me faire une première idée des difficultés du problème et des bases de sa solution.

Avec cette rigole on dispose d'une pression de 72 mètres sur une longueur de moins de six kilomètres. Il me fut aisé de concevoir qu'en tirant parti de cette pression on arriverait à un aménagement de l'eau susceptible d'en améliorer les conditions d'une manière considérable. Je communiquai cette première idée à M. Pascalis, en allant le remercier des facilités qu'il m'avait procurées ; et je quittai Marseille pour venir reprendre mes occupations à Paris. J'avais fait ces premières études à mes frais, j'y avais consacré une portion du prix dont l'Académie des sciences avait honoré mon livre *Des Eaux publiques.* Quel meilleur usage pouvais-je faire de sa libéralité que de poursuivre avec ardeur les études qui m'avaient mérité ses suffrages ?

J'avais esquissé la théorie du système que j'avais entrevu pour la rigole de Longchamp dans trois Notes académiques ; je terminais la troisième Note par la réserve suivante :

« Dans ces études essentiellement préliminaires, j'ai dû
« me borner à l'exposition des principes, à ce qui constitue,
« pour ainsi parler, la partie scientifique du système. J'ai
« laissé de côté tous les détails pratiques relatifs à l'exécu-
« tion, détails dont les conditions réalisables et définitives
« ne peuvent être arrêtées que sur place, au moyen de la
« règle et du compas, et le niveau de l'ingénieur à la main. »
(10 octobre 1864.)

Cette note contient aussi une première idée concernant

l'application du même système à la branche-mère. Je l'avais parcourue avec rapidité, et je m'étais convaincu en même temps de la nécessité d'en changer la prise d'eau en la transportant en amont, au défilé de Canteperdrix.

Je repris l'étude de la question au mois d'avril 1865, et j'allai m'installer à Aix, point central d'où je pouvais rayonner à volonté sur toute la ligne.

Ceux qui connaissent les ressources matérielles dont disposent les ingénieurs de profession comprendront que l'étude d'une question pratique doit présenter plus d'un genre de difficultés à celui qui n'a que ses yeux et son intelligence à mettre en œuvre; et que, pour dresser un plan et des devis en contradiction possible avec des projets préconçus, il faut une certaine force de volonté jointe à une expérience incontestable et à une connaissance approfondie du sujet. Je puisais ma confiance dans la solidité des principes qui régissent la matière, et dans la certitude où j'étais que seuls ces principes bien appliqués devaient mener directement au but.

Je consacrai deux mois (avril et mai 1865) à ce travail pénible, et je puis assurer que les journées étaient bien remplies.

Les résultats que j'obtins de la sorte, je ne les mis pas sous le boisseau; j'en fis l'objet de nouvelles *Notes*, publiées dans les comptes rendus hebdomadaires; et quand l'Académie des sciences eut émis son opinion sur la valeur des principes dont j'avais résolu l'application, un tirage à part du rapport de M. le général Morin me permit d'en distribuer des exemplaires à l'édilité marseillaise. Ce rapport est du 20 novembre 1865.

X.—INCIDENT.

Dans l'intervalle se place un incident que j'ai le droit de ne pas passer sous silence. Le choléra s'était montré à Marseille. Or, connaissant les conditions hygiéniques de cette ville, pour les avoir étudiées à fond pendant mon premier séjour ; ayant eu à Venise, où j'avais passé sept ans, l'occasion de connaître et d'approfondir les motifs qui avaient présidé à la fondation des premiers lazarets; enfin sachant, à n'en pas douter, que la question de l'abolition des quarantaines avait été résolue dans un intérêt commercial mal compris, pouvais-je laisser échapper une si belle occasion de faire une grande étude ?

Les Marseillais savent tous comment j'ai passé au milieu d'eux le mois de septembre et la première moitié du mois d'octobre de l'année 1865. Pouvait-il être question de la Durance au milieu d'une calamité publique?

La question des eaux revint au mois de novembre. Un conseil municipal nouvellement élu fit appel aux inventeurs de projets et nomma une commission pour en juger le mérite. Mon retour à Marseille à cette époque ne pouvait pas avoir d'autre objet que de faire connaître au nouveau conseil les bases du système que j'avais étudié avec un si grand soin.

Mais il y a projets et projets : il y en avait qui coûtaient cher, le mien est de ce genre; il y en avait d'autres qui coûtaient bon marché. On résolut d'essayer de ces derniers. Je n'en dirai pas plus long sur ce sujet.

XI.—DISCUSSION D'UN PARALLÈLE INATTENDU.

Le conseil s'étant décidé à attendre le résultat de tentatives de puits artésiens sur les bords de la Durance, je quittai Marseille le samedi 17 décembre.

Le même jour, M. le directeur Pascalis adressait à tous les journaux un long article intitulé : *Projet de l'Administration et projet de M. Grimaud de Caux*, avec une lettre d'envoi dans laquelle il disait entr'autres choses, parlant de l'Académie des sciences : « Si nous nous inclinons avec respect « devant le jugement souverain de ce corps savant, en tant « qu'il s'agit de consacrer des principes, il ne nous paraît

« pas rationnel de le faire juge du mode de leur application
« pratique, dans une question controversée qui s'agite à
« 200 lieues de lui, et *quand il ne connaît des faits matériels*
« de cette question que ceux qui sont à l'appui de l'opinion
« pour laquelle on invoque son autorité... »

Assurément le cas eût été grave, si M. Pascalis avait dit quels faits matériels j'avais mis de côté pour tenir compte exclusivement de ceux qui appuient mon opinion, et j'aurais relevé incontinent une assertion semblable.

Mais M. Pascalis a constaté, d'après les termes mêmes du rapport de l'Académie des sciences, que mes moyens consistaient uniquement dans les deux points suivants : 1° à assurer la prise d'eau ; 2° à utiliser la différence de niveau, c'est-à-dire la pression, et il a admis la compétence des « noms illustres » qui ont signé le rapport. Quant aux faits matériels auxquels il fait allusion, il n'en mentionne d'aucune sorte. Il affirme que la prise d'eau est excellente, qu'elle fonctionne depuis dix-sept ans, qu'on en fait une seconde, et que le bassin de Poncerot fonctionne régulièrement comme bassin d'épuration. « Ces deux faits rétablis..., dit-il, il ne reste plus qu'à mettre en regard du projet de M. Grimaud de Caux le projet de l'Administration.... » Et il se borne à faire l'historique des efforts que l'on a tentés depuis l'origine pour résoudre les difficultés.

M. Pascalis avait pris acte d'un article de la *Gazette du Midi*, dans lequel M. Henry Patot avait analysé le rapport de l'Académie des sciences. C'est M. Henry Patot qui a répondu à M. Pascalis dans les termes suivants ; et cette réponse m'a paru suffisante au point que je n'hésite pas à en reproduire ici la plus grande partie.

« Le 8 janvier 1862, dit M. Henry Patot, M. Pascalis a publié un mémoire ayant pour titre : *Étude sur la question de la clarification des eaux de Marseille* ; il s'agit du bassin de Réaltor, dont les plans sont approuvés ensuite par la commission consultative des bâtiments civils, dans un premier rapport de M. Pascal (janvier 1863).

« Dix-huit mois plus tard (22 août 1865), la même commission produit un second rapport du même M. Pascal, dans lequel Réaltor est abandonné comme pouvant soulever des objections d'une certaine gravité (page 5). C'est d'un projet nouveau qu'il s'agit : on transporte à Saint-Christophe les moyens imaginés pour Réaltor. (M. Grimaud de Caux avait signalé Saint-Christophe comme déversoir, et indiqué les graves inconvénients qui résulteraient de l'envoi des boues de Réaltor dans l'étang de Berre.)

« Enfin, dans la séance du Conseil municipal du 7 novembre dernier (voir les journaux à cette date), on propose de revenir à Réaltor « parce que le Conseil général des « ponts et chaussées n'ayant pas approuvé le projet de Saint- « Christophe et exigeant l'accomplissement de certaines « formalités, il faudrait que la ville de Marseille se con- « damnât à ne rien faire encore *pendant trois ans...* » Comme si l'étang de Berre n'était plus là pour *soulever les objections d'une certaine gravité* dont a parlé M. Pascal (deuxième rapport).

« En allant et en venant ainsi de Réaltor à Saint-Christophe et de Saint-Christophe à Réaltor, il est bien permis de demander où est réellement le projet que M. Pascalis intitule *projet de l'Administration.*

« Depuis l'ouverture du canal, l'Administration est en présence d'une grande difficulté, et elle cherche à la résoudre. Et maintenant, mais un peu tard, M. Pascalis a l'idée heureuse de prendre pour son compte le projet de M. Grimaud de Caux ; « le projet de M. Grimaud de Caux, « dit-il, est le même que le nôtre... Nous nous félici- « tons, etc. »

« A la bonne heure!... Il ne nous reste donc plus qu'à exécuter le projet de M. Grimaud de Caux.

« Pourtant, je ne sache pas que M. Pascalis ait jamais songé à transporter la prise d'eau à Canteperdrix pour assurer l'approvisionnement. Il n'a pas songé davantage à se ménager quelque part une pression énergique, indispensable à toute clarification importante ; car c'est là tout le projet de M. Grimaud de Caux. Les bassins dits *de décantation,* imaginés ou perfectionnés par M. Pascalis, sont toujours en contrebas du canal ; et, soit à Réaltor, soit à Saint-Christophe, soit à Poncerot, ils reçoivent l'eau et ne peuvent pas la rendre. »

M. Henry Patot termine en relevant ce qu'il appelle trois erreurs de M. Pascalis, relatives à la durée des travaux, à la prise du pont de Pertuis et aux services du bassin de Poncerot.

XII.— DISCUSSION CONTINUÉE.

Dans l'extrait qu'on vient de lire il est question de trois documents. Ils ont été imprimés par les soins de M. le maire. Je les ai déjà mentionnés (pages 24 et 25) en parlant des diverses moyennes de limon et du prix de revient du canal (page 12). Ce sont les *Etudes* de M. Pascalis et les deux rapports faits sur ces Etudes par M. Pascal au nom de la commission des bâtiments civils.

Les *Etudes* et le premier rapport de M. Pascal (janvier 1863) sont accompagnés de planches au trait dont une figure(*Etude*, planche V, figure 2 ; *Rapport* de M. Pascal, planche II, coupe C') représente le profil du bassin de Réaltor. On y voit comment le canal domine le bassin. L'eau ne pourra pas rentrer du bassin dans le canal, si ce n'est pour une très-faible partie, pour une tranche superficielle, cette tranche étant donnée par la différence de niveau existant entre le commencement et la fin de la chaussée qui borde l'un des côtés du ravin de Réaltor et supporte la cuvette du canal de Marseille. La vue seule de ce profil suffit pour témoigner de l'inefficacité de tout réservoir de dépôt ayant le même vice radical, c'est-à-dire se trouvant, selon l'expression de M. Henry Patot, *en contrebas du canal,* en quelque point de la ligne qu'on s'établisse, à Poncerot, à Saint-Christophe, à Valloubier, à La Garenne, à Réaltor.

Il ne faut pas se fier à des calculs de tranche superficielle. L'eau s'étalera sans doute dans le bassin au fur et à mesure que le bassin se remplira. Mais vous avez dans la cuvette une vitesse qui ne permet pas le dépôt. Que ferez-vous de cette vitesse quand le bassin sera rempli? Vous devez craindre que le courant s'établisse et que le flot venu de la Durance file droit à travers votre tranche superficielle, sans s'y mêler. Est-ce qu'aux embouchures des fleuves dans la mer leur courant ne se fait pas sentir au large malgré le flot? De quelque façon que vous vous y preniez pour *dérouter*, comme vous dites, le courant, vous devez craindre de ne pas pouvoir détruire cette vitesse qui vous est donnée par la pente du canal et sans laquelle d'ailleurs vous ne conduiriez pas à Marseille la quantité d'eau qu'il vous faut.

Au surplus, en dehors de cette difficulté, dont aucun ingénieur ne peut contester l'importance, sans s'exposer à faire douter de sa perspicacité, de son expérience, ou même de son savoir, les destinées du bassin de Réaltor sont fixées. Si l'eau y séjourne à quelque titre que ce soit, elle y déposera du limon. Et que fera-t-on de ce limon? On le jettera, de temps à autre, par la Mérindolle dans l'*Arc* qui l'entraînera dans l'étang de Berre. Et l'on suppose que les habitants de ces localités ne se plaindront pas, qu'ils n'auront pas le droit de se plaindre : en quoi l'on se trompe gravement, comme on l'a vu par l'expérience. (Voy. page 22.)

M. Pascal est ingénieur en chef chargé du service spécial maritime du département des Bouches-du-Rhône; son deuxième rapport sur les études de M. Pascalis pourrait donner lieu à un long discours, attendu qu'il en a consacré une partie à l'exposition et à la réfutation de mon projet. Il a connu mes premières Notes seulement; et il a arrêté principalement son attention sur ce que j'ai dit concernant la rigole de Longchamp. Mais je ne veux faire ici qu'une observation; elle suffit pour montrer combien la marche suivie par M. Pascal dans l'appréciation de mes études devait l'exposer à l'erreur.

Voici en quels termes il annonce qu'il va en parler :

« Le troisième projet, dit-il (il venait d'en mentionner deux autres), est de M. Grimaud de Caux, qui l'a communiqué à l'Académie des sciences...» Ma dernière Note à l'Académie est intitulée en effet : *Du canal de Marseille, résultat définitif des études locales et application.* Le compte rendu n'en contient qu'un extrait ; et le rapport approuvant l'application des principes sur lesquels je base la solution de la question est du 20 novembre 1865. Mais le rapport dans lequel M. Pascal juge ce qu'il appelle mon projet, déclarant qu'il « ne peut pas soutenir un examen sérieux,» à quelle date faut-il le rapporter ? et qu'en ont dû penser ceux qui en ont eu communication à la fin de novembre ? Il faut le rapporter à la date du 22 août 1865, précédant de trois mois moins deux jours la date du 20 novembre ; et les personnes qui n'ont pu le lire qu'à la fin de novembre ont été autorisées à penser que les objections de M. Pascal portaient sur l'étude définitive dont je viens de parler. On voit qu'il ne pouvait y avoir rien de semblable.

Ce rapport de M. Pascal me mit dans la nécessité de remettre à la commission des eaux, dans sa séance du 15 décembre, une sorte de protestation ainsi conçue :

« Dans un rapport fait le 22 août 1865 par M. Pascal, au nom de la *Commission consultative des bâtiments civils du département,* il est question d'un projet que j'aurais présenté à l'Académie des sciences pour l'aménagement de l'eau dans la rigole de Longchamp.

« Je n'ai rien présenté de semblable à l'Académie. Les premières Notes dont l'Académie a bien voulu entendre la lecture et qu'elle a insérées intégralement dans ses comptes rendus ne sont que des études initiales dans lesquelles j'ai surtout fait ressortir l'opportunité de l'application du seul principe qu puisse servir de base à l'amélioration des conditions de la grande œuvre de M. de Mont-Richer. Ce principe est la pression. Si à la prise de Pertuis, où cette pression est de 25 à 30 mètres, elle est suffisante pour remplir le but indiqué sur une masse de 10 mètres cubes d'eau, *a fortiori*, à Longchamp où elle est de 72 mètres, et où il ne s'agit que de 1 1/2 mètre cube d'eau.

« Tout ce que j'ai dit à propos de Longchamp au point de vue de ce principe de la pression reste intact, et la réfutation d'un projet que je n'ai pas produit n'avait pas de raison d'être.

« Le seul plan dont j'ai justifié toutes les parties devant l'Académie porte la date du 3 juillet 1865. C'est pour l'examen de ce plan que l'Académie a nommé la commission dont le rapport a été publié. »

XIII.—CONSÉQUENCES DE L'EXPÉRIENCE DES PUITS ARTÉSIENS.

Depuis lors les expériences de puits artésiens ont eu lieu et la question en est restée au même point. Ces expériences, il est vrai, n'ont rien coûté à la caisse municipale ; mais une pareille économie est une illusion et un non-sens. Le bien-être a son prix ; et la population marseillaise a perdu une année de ce bien-être, dont l'usage d'une eau abondante et salubre constitue l'un des plus solides fondements. Elle a subi, une année encore, cette foule d'incommodités dont la privation d'une bonne eau est la source pour l'économie domestique, pour l'industrie, pour la salubrité générale et la santé publique, incommodités qui pèsent sur le pauvre aussi bien que sur le riche, mais que celui-ci supporte plus aisément, parce qu'il a les moyens de purifier son eau ; il possède des réservoirs dans son habitation et il peut payer les réparations qu'il lui faut subir pour désobstruer les conduites alimentaires et les tuyaux. Le pauvre doit se contenter de l'eau de la Durance plus ou moins trouble, ou de l'eau limpide, mais insalubre, qui s'amasse au fond des puits, creusés dans la cour de presque toutes les maisons, à côté de ce trou auquel on donne le nom d'*éponge* et qui est destiné à absorber les eaux ménagères.

N'est-ce donc pas le cas de dire : *le bon marché est toujours cher?*

Depuis vingt ans déjà la ville de Venise paye bien cher ce bon marché. En 1845, on allait commencer l'exécution d'un aqueduc longuement étudié et muni de toutes les approbations de l'autorité supérieure autrichienne. Un sondeur de profession vint démontrer au conseil municipal que des puits artésiens, creusés en pleine lagune, feraient bien mieux son affaire. On creusa donc des puits artésiens. Mais, comme l'avaient annoncé d'avance les géologues italiens eux-mêmes, ces puits donnèrent une eau mauvaise et en quantité qui alla toujours en diminuant.

Aujourd'hui, avant de jouir des bienfaits de l'aqueduc, la population doit attendre des temps meilleurs pour les finances municipales vénitiennes.

Les erreurs dont les conséquences n'intéressent que des individus provoquent un sentiment de pitié; mais il faut déplorer celles qui peuvent atteindre des populations et des villes entières.

De semblables erreurs ne sauraient être commises à Marseille, où le bien-être de la population et la prospérité générale sont l'objet permanent de la sollicitude éclairée et de l'émulation de tous les conseillers municipaux et de tous les maires.

XIV.—TARIFS COMPARÉS : MARSEILLE ET PARIS.

Il faut compter avec soi-même et estimer chaque chose à son prix. Combien coûte l'eau que l'on distribue aujourd'hui à Marseille et combien la vend-on?

L'art. 5 du tarif de 1853 est ainsi conçu :

« Dans la ville et les faubourgs, y compris les agrandissements successifs, on ne concédera que des eaux continues moyennant le payement *d'une somme fixe représentant les frais d'établissement des conduites* et d'une redevance annuelle, conformément au tarif ci-après :

| QUANTITÉ D'EAU | | PRIX DE VENTE | | | |
| A MARSEILLE. | | A MARSEILLE. | | A PARIS Par mètre cube. | |
Nombre de litres en 24 heures.	Nombre de mètres cubes par année.	Redevance annuelle.	par mètre cube.	Eau de Seine et autres.	Eau de l'Ourcq.
litres.	mètres cubes.	fr.	fr.	fr.	fr.
8640	3151	100	0.0316	0.2190	0.1040
7776	2834	94	0.0332	0.2730	0.1360
6912	2523	88	0.0348	0.3280	0.1640
6048	2207	82	0.0369	0.5470	
5124	1870	76	0.0411	0.6570	
4320	1576	70	0.0443		
3456	1192	64	0.0546		
2592	946	58	0.0623		
1728	630	52	0.0825		
864	315	40	0.1260		
432	158	30	0.1910		

XV.—Réforme indispensable.

Il résulte de ce tableau qu'à Marseille on paye l'eau de la Durance, le mètre cube, au minimum, un peu plus de 3 centimes, et au maximum 19 centimes; tandis qu'à Paris l'eau de la Seine et des nouvelles sources (la Dhuys) est livrée par la ville à 22 centimes en minimum et à plus de 65 centimes au maximum. La différence du minimum au maximum, dans les deux villes, est déterminée par la quantité d'eau attribuée au consommateur.

On se demande sur quelle base on s'est fondé à Marseille

pour fixer l'eau à un si bas prix. Sans aucun doute on à voulu la livrer au prix coûtant, en partant de ce faux principe qu'il doit en être de l'eau comme de l'air. Quand on a comparé l'eau à l'air, on a eu sans doute raison à ce point de vue que l'un et l'autre nous sont également indispensables. Mais, ainsi que je l'ai dit ailleurs, on n'obtient pas l'un et l'autre au même titre ; et quand Mirabeau s'écriait : « Qu'on ne s'y trompe pas, il s'agit de l'eau, de cet aliment qui avec l'air est presque le seul bienfait que la nature ait voulu soustraire à la tyrannie... » il faisait de la déclamation. *Qu'on ne s'y trompe pas !* et Mirabeau s'y trompait lui-même. L'eau n'arrive pas dans l'estomac de celui qui a soif comme l'air dans les poumons. Pour avoir de l'air il suffit qu'on respire ; si l'on veut de l'eau, il faut aller la chercher ou payer pour qu'on vous l'apporte. Si c'est là une tyrannie, il faut bien convenir que la nature n'a rien fait pour nous y soustraire.

Croire qu'on a de l'eau gratis est donc une profonde erreur. L'eau coule à la fontaine : et parce que l'on peut y puiser à volonté, sans que personne soit là pour exiger une redevance, on s'imagine qu'on y puise gratis. Encore une fois, c'est là une grande erreur : là gratuité n'est qu'apparente, et le pauvre, en vue duquel, au fond, elle est établie, n'est pas celui à qui elle profite le plus ; car c'est lui qui consomme le moins. Et il ne faut pas dire qu'il y a compensation, attendu que le pauvre paye moins d'impôts que le riche : y a-t-il un impôt plus lourd que celui de la misère ?

A l'époque où l'on a établi le prix de l'eau à Marseille, savait-on à combien reviendrait l'aqueduc quand il aurait reçu tous ses compléments, quand il rendrait tous les services que l'on doit en attendre ? Est-ce que l'aqueduc n'a rien coûté depuis le 21 février 1853 ?

Evidemment l'écart est trop grand entre le prix de l'eau de la Durance et celui de l'eau de la Seine ; et rien ne le justifie, au contraire ; car la Seine traverse Paris, et la Durance est à 40 lieues de Marseille.

Le tarif de Marseille est à réformer pour le plus grand

bien de la population. Et voici comment il faut l'entendre. On a déjà dépensé 50 millions; il faut, bon gré mal gré, dépenser encore pour rendre potable l'eau de la Durance. Néanmoins, on suppose qu'en élevant le tarif de quelques centimes par mètre cube, on se rapprocherait du prix de revient, au grand profit des finances municipales et de la classe la plus nombreuse, ainsi qu'il sera démontré plus loin.

XVI.—SOLUTION PRATIQUE.

Arrivons maintenant à la solution pratique.

Il faut satisfaire à trois conditions :

1° Assurer la prise d'eau;

2° Avant de mettre l'eau dans le canal, il faut en éliminer les matières qu'elle tient en suspension et qui troublent sa transparence;

3° Il faut enfin se débarrasser de ces matières, quand on a forcé l'eau à les abandonner.

Eh bien ! deux cas peuvent être posés, selon que l'on voudra opérer sur la totalité de l'eau empruntée à la rivière, ou bien sur la portion seulement qui est dérivée de la branche-mère pour le service exclusif de la ville et des faubourgs.

Dans les deux cas, les procédés indiqués par la science auront une égale efficacité; car ils ont pour base une application régulière du principe de la pression.

La portion d'eau destinée à la ville jouit même, dans la rigole de Longchamp, d'une pression supérieure à la pression qu'on peut obtenir dans la vallée de la Durance. Et cette circonstance peut permettre de donner à l'eau une limpidité presque parfaite.

Mais dans l'exposition présente il doit être question du premier cas seulement. L'aménagement de l'eau dans la rigole de Longchamp devant subir des modifications particulières d'une certaine importance, relatives surtout au limon, en disant ce qu'on veut faire de ce limon, on casse la pointe de l'œuf et l'on se crée inutilement des difficultés nouvelles. Là est le motif principal de notre discrétion et de ce semblant de mystère.

XVII.—PREMIÈRE CONDITION.

Prise d'eau. — Vous voulez dix mètres cubes d'eau (10,000 litres), et vous avez raison. Plus vous en aurez et plus vous accroîtrez les moyens de développement de vos industries. Or la concession ne vous autorise à en prendre que 7,500 litres. Et de plus la prise actuelle est devenue insuffisante au point qu'il a fallu en créer une nouvelle. Mais comme cette prise nouvelle est située dans le voisinage de l'ancienne, les inconvénients produits par la largeur du lit combinés avec les caprices de la rivière restent les mêmes, et vous n'avez aucun moyen certain de les éviter. La double prise est donc un expédient momentané et rien de plus : l'expérience ne tardera pas à le démontrer.

Quant à vouloir par une filtration à travers une digue longitudinale remplacer une prise d'eau faite directement à la rivière, au moyen d'une saignée, l'illusion est plus grande encore : car la difficulté est radicale, comme il a été pleinement démontré par tous les essais qu'on a faits d'un tel moyen.

Et ici je suis complétement de l'avis de M. Pascal. Ce qu'il dit dans son rapport du 22 août 1865, à la page 37, est parfaitement juste et conforme à ce que j'ai imprimé moi-même dès 1841, dans mon *Essai sur les eaux publiques*. Le passage mérite d'être cité. Il y est question d'une galerie dont le fond était placé à trois mètres environ au-dessous du plan de la Clyde en eau basse.

« On sait, par l'ingénieur Tom, que ce fut Watt, l'inventeur des machines à vapeur, qui conseilla de creuser ces galeries dans le banc de sable très-étendu qui était presque entièrement environné par la rivière ; ce conseil fut mis à exécution, et on obtint pendant quelque temps une fourniture d'eau excellente ; mais la quantité diminua par degrés, et jusqu'à tel point que, pour satisfaire aux besoins, on fut obligé de tirer directement l'eau de la rivière.

» Dans le cours de l'été dernier (1828), dit M. Tom, je « visitai ces travaux et je conseillai d'étendre les galeries le « long des bords du banc de sable attenant à la rivière, « comme Watt l'avait proposé originairement. On suivit mon « conseil, et la fourniture d'eau pure augmenta en consé- « quence ; mais ce produit baissa de nouveau, en raison des « sédiments qui se logèrent entre les particules de sables, et « il fallut plus tard adopter un autre moyen pour procurer « l'eau pure nécessaire. »

« Ces galeries qui avaient si bien réussi momentanément furent en effet l'objet de la déconfiture de la compagnie *Cramston-hill*.....

« Ceux qui s'occupent, disait à ce propos Arago, de la recherche de procédés destinés à l'industrie, peuvent certainement trouver d'excellents guides dans les phénomènes naturels, mais à la condition expresse qu'ils ne se laisseront pas séduire par des similitudes imparfaites. Telle a été la principale origine des fautes commises en Ecosse. » (*Loco citato*, page 86 et suiv.)

Sans doute il y a un certain parti à tirer des digues. Elles peuvent servir à recueillir les eaux des terrains supérieurs. Mais quelle quantité en donnent les diverses sources ? J'ai assez exploré et même étudié tout ce pays pour pouvoir le dire : hors les temps de sécheresse, elles en donnent deux mètres tout au plus en moyenne, et quand la pluie tarde à venir imbiber les plateaux supérieurs, elles tarissent ou ne donnent que de maigres filets.

En ce qui concerne les filtrations de la Durance, n'y comptez que dans la limite de l'expérience acquise partout où l'on a tenté de semblables moyens : sur les bords de la Clyde à Glascow, sur les bords de la Garonne à Toulouse, du Rhône à Lyon, du Danube à Vienne, etc., etc. Toutes ces galeries ont très-bien fonctionné au commencement; mais il a fallu partout les prolonger, à plusieurs reprises, pour maintenir leurs produits au niveau des besoins, jusqu'à ce qu'on ait pris le parti de les abandonner totalement. Telle est en effet la destinée qui attend ces sortes d'œuvres. M. Pascal parle des mécomptes auxquels on a toujours été exposé jusqu'ici, quand on a voulu appliquer le principe de la proportionnalité des surfaces aux débits, en s'appuyant sur des expériences faites sur une petite échelle (même rapport, pages 37 et 38), et M. Pascal est dans la vérité des choses.

L'expérience des puits artésiens est de ce genre : on s'appuyait sur une petite échelle. Il ne faut pas la recommencer en se livrant à des essais de filtrations si souvent condamnés par l'événement.

Quand il s'agit d'approvisionner une population, les prises d'eau en rivière doivent être mises à l'abri de toute éventualité. Il faut les faire, autant que possible, à l'endroit de la rivière où l'eau coule forcément, naturellement et sans interruption. Or, de Pertuis à Mirabeau, la Durance conserve ses' allures, c'est-à-dire que son lit n'a point de thalweg fixe ; mais au-dessous de Mirabeau, au pont suspendu de la Madeleine, la rivière est encaissée entre deux rochers, et son lit est réduit à 200 mètres de large. Il en était ainsi lorsque Cassini dessinait sa grande carte, et l'état des lieux n'a pas été modifié depuis. Là est la véritable prise d'eau. C'est uniquement là qu'on aura de l'eau certainement, sans faire à la rivière des violences qu'elle ne permettra jamais. C'est d'ailleurs le point qu'avaient choisi Adam de Craponne et Floquet; or, quand j'ai signalé pour la première fois ce lieu d'élection, j'ignorais que je me rencontrais ainsi avec des prédécesseurs de renom, et dont l'un est même resté illustre.

Devant le rocher de Canteperdrix, le lit est resserré, le thalweg reste toujours le même et l'on est plus facilement à l'abri des engravements. C'est ainsi que la prise d'eau est assurée et que la première condition de notre solution est remplie.

XVIII.—DEUXIÈME CONDITION.

La seconde condition consiste dans l'élimination des matières qui troublent la transparence de l'eau. On jette l'eau captée à Canteperdrix dans le canal de Peyrolles, dont on agrandit la section. On confond ainsi les deux concessions, celle de la ville de Marseille et celle du canal de Peyrolles, qui est de deux mètres cubes, ce qui élève à 9,500 litres la quantité d'eau indiscutable à laquelle a droit alors le canal de Marseille.

Le canal de Peyrolles vient traverser le ravin de Vauclaire à 209 mètres au-dessus du niveau de la mer. La prise du pont de Pertuis étant à 186 mètres, il en résulte une différence de niveau de 23 mètres. Et c'est là ce qui constitue la pression. On utilise cette puissance en la distribuant convenablement dans une série de bassins pouvant, en vertu de leur situation respective, se vider les uns dans les autres. La vitesse de l'eau dans ces bassins étant réglée selon des lois physiques consacrées par l'expérience, un dépôt se forme dans chaque bassin, si bien que le dernier bassin vient verser son eau à la tête du canal dans un état de limpidité qu'on peut rendre semblable à la limpidité de l'eau de la Seine, quand cette rivière est dans son étiage moyen.

Ainsi se trouve remplie la deuxième condition du problème.

XIX.—TROISIÈME CONDITION.

La troisième condition consistant dans l'expulsion des matières éliminées, c'est encore la pression qui offre le moyen de l'accomplir, sans difficulté et sans nuire à aucun voisinage. La série des bassins étant disposée le long du

ravin de Vauclaire, des vannes de chasse, empruntant s'il le
faut leur énergie à l'origine de la pression, jetteront les boues
dans le ravin, qui les restituera directement à la Durance.
Évidemment c'est là un service de tous les jours. L'habileté
consiste à bien installer toutes les parties qui le constituent.

XX.—Frais d'exécution de la solution et durée des travaux.

L'exposé ci-dessus est assez clair pour être compris de tout
le monde. Aucun physicien, aucun hydraulicien ayant quelque
pratique n'en contestera l'efficacité. L'exécution ne présente
point de ces éventualités qui viennent grossir l'imprévu de
tout travail hydraulique. D'où pourraient venir en effet ces
éventualités? L'agrandissement de la section du canal de
Peyrolles n'en présente d'aucune sorte. En ce qui concerne
les bassins, comme ils doivent être disposés au-dessus du sol
et en dehors des limites que peuvent atteindre les plus hautes
eaux de la Durance, il n'y aura pas à établir à grands frais,
sur les bords de la rivière, des travaux de défense contre les
inondations, et par conséquent point de dépenses d'épuise-
ment à craindre.

Que si l'on veut savoir le prix coûtant d'une telle œuvre,
qu'il me suffise d'en avoir fourni les éléments, en énumérant
ses diverses parties et en faisant connaître le but et les fonctions diverses de chacune d'elles. Ceci est un préavis. Avec
les plans du cadastre on peut faire un devis provisoire. Pour
le devis définitif on sait bien qu'il faut, au préalable, dresser des plans d'exécution.

Dans un pareil état de choses, que l'édilité marseillaise
fasse le nécessaire; et, avant que trois mois soient écoulés,
on saura à quoi s'en tenir, dans les limites d'usage, pour de
telles prévisions.

Les plans d'exécution une fois arrêtés, les terrains livrés
et toutes les formalités remplies, on peut prendre l'engage-
ment qu'avant l'expiration de deux années l'eau de la Durance coulera dans le canal de Marseille avec les qualités

que toute eau doit posséder quand il s'agit de l'appliquer aux besoins de l'économie domestique, de l'agriculture et de l'industrie.

La durée des travaux est donc bien différente de celle dont on s'est fait un argument dans le conseil municipal pour donner la préférence à d'autres idées.

Il en est de même de la somme qu'il y faudrait consacrer. En partant de données tout à fait fausses, on a exagéré les dépenses outre mesure, et on s'est fait de cette exagération un second argument dans le même but. On a parlé en effet de dix à douze millions : céux qui ont de l'expérience dans ces sortes de travaux sont en mesure de dire si, en prenant à forfait l'exécution pour la moitié de cette somme, on aura de la difficulté à y trouver un honnête profit sans même courir aucune chance.

XXI.—RESPONSABILITÉ DU CONSEIL MUNICIPAL.

Chargé de la responsabilité que lui impose l'administration d'un budget aussi considérable que celui de la ville de Marseille, le conseil municipal doit mettre une grande réserve, même une sorte de timidité à entreprendre une opération qui exigera plus d'un million.

. Mais l'attente n'a-t-elle pas été assez longue? et les projets présentés n'ont-ils pas été assez nombreux? Aucun de ces derniers, il est vrai, ne lui a paru satisfaisant; et, sous ce rapport, l'hésitation a pu lui être permise. Toutefois, après l'épreuve infructueuse d'un premier choix fait uniquement en vertu de son initiative, la responsabilité du conseil ne serait-elle pas entièrement à couvert avec un projet qui a réuni le suffrage le plus éminent, celui du premier corps savant de l'Europe et du monde?

Comment le conseil municipal voudrait-il s'exposer encore à perdre un temps précieux dans des expériences qui n'ont la sanction ni des savants ni des ingénieurs?

A la vérité, le projet de l'Administration dressé par M. Pascalis n'a été approuvé que dans deux rapports rédigés par M. Pascal, ingénieur d'une instruction et d'une capacité qui ne sauraient être mises en doute. Mais ses travaux de Pomègue ont fort peu de points communs avec les conditions du *canal de Marseille*. Qu'il nous suffise d'avoir dit précédemment notre opinion sur ce projet de M. Pascalis.

Quant aux autres projets, il ne m'appartient pas de les analyser : il y a là des imaginations d'autant plus fécondes que leur point de départ ne se trouvait ni dans les vrais principes, ni dans les éléments de la question, ni dans l'appréciation de la topographie du canal et de ses principaux ouvrages, encore moins dans l'étude de l'idée dominante qui a présidé à son exécution.

XXII.—Solution appliquée a la rigole de Longchamp.

Mais on se demande si, avant d'entamer l'exécution du projet dont j'ai fait connaître ci-dessus les éléments fondamentaux, avant d'entreprendre cette grosse besogne, avant d'engager la lutte avec les troubles de la Durance sur un volume de 10 mètres cubes par seconde, ou 864,000,000 de litres d'eau à purger journellement en moyenne de 792 mètres cubes de limon, on se demande s'il ne serait pas possible de faire d'abord l'application du système à la rigole de Longchamp, c'est-à-dire à la quantité d'eau exclusivement destinée à l'approvisionnement de la ville. On aurait à opérer alors sur 1500 litres d'eau par seconde seulement, soit 129,600 mètres cubes en 24 heures.

Ainsi que je l'ai dit précédemment (page 42), le système peut s'appliquer à la dérivation de Longchamp tout aussi bien qu'à la tête de la branche-mère. La pression sur Longchamp étant supérieure à celle que l'on aura dans la vallée de la Durance, il sera même possible de donner à l'eau une limpidité presque parfaite. En un mot, il est permis, je ne dis pas seulement de concevoir, avec espérance fondée de succès dans l'exécution, mais de réaliser immédiatement, et sans aucune chance possible d'insuccès, des travaux d'aménagement tels que l'eau destinée à l'approvisionnement de

Marseille coulera sur le plateau de Longchamp et viendra s'emmagasiner, si l'on veut, dans le réservoir qui constitue le filtre, devenu hors d'usage, de M. de Mont-Richer, et avec des conditions de limpidité supérieure à celle que l'on obtient maintenant de la Durance dans ses plus beaux jours de tranquillité.

Ici il ne faudrait pas de chômage, c'est-à-dire que le service devrait être organisé de manière à satisfaire aux nécessités imposées par les plus grands troubles. Or, d'après les observations de M. Pascalis, les troubles extrêmes ne donnent pas moins de 4 0/0 de limon. Il y aurait donc des journées où il faudrait éliminer $\frac{129\,600 \times 4}{100} = 5,114$ mètres cubes de limon. Eh bien ! je le répète, la chose est possible et il n'est pas permis d'en douter : la quantité du limon accroît le travail, mais elle n'est pas un obstacle. Ajoutons qu'on pourrait aller jusqu'à la limpidité de l'eau de roche, limpidité que, du reste, chacun se ménagera à volonté et presque sans frais dans le réservoir de son habitation.

XXIII.—CONDITION NÉCESSAIRE.

Il s'agit de savoir maintenant à quelles conditions on peut obtenir ces grands avantages. Ici une réflexion préliminaire devient indispensable : il y a des distinctions à établir.

L'eau est employée : dans l'industrie, comme élément essentiel de fabrication et par conséquent de produit; dans l'agriculture, elle fait pousser les plantes, les légumes, les fruits et les fleurs qu'on apporte au marché; dans l'économie domestique, son abondance accroît le confort intérieur et les jouissances de la vie. Elle est donc d'une utilité particulière à ceux qui la consomment de la sorte. On sent parfaitement qu'il y aurait une sorte d'injustice à livrer pour rien l'eau qui a une pareille destination, comme on doit livrer pour rien celle qui est destinée aux services publics, c'est-à-dire qui est destinée à arroser les places, à nettoyer les rues, à rafraîchir l'air, en un mot, à satisfaire aux besoins communs, aux besoins de tout le monde, surtout aux besoins individuels de la classe la plus nombreuse, qui, constituant le gros de la population et n'ayant que son travail pour vivre, doit être, à tous les points de vue, l'objet permanent et principal de la sollicitude municipale.

Dans une distribution d'eaux publiques, c'est à la caisse municipale de pourvoir à tout ce qui est service public. C'est là un point fondamental ; mais il faut que cette caisse soit alimentée. Or, la meilleure source, la source la plus légitime pour l'alimentation de la caisse municipale, est assurément dans une part quelconque du profit que son concours contribue à procurer.

On arrose pour tout le monde, on nettoie les rues et on rafraîchit l'air pour tout le monde ; on fait couler périodiquement, de bornes fontaines convenablement distribuées dans tous les quartiers, l'eau à boire pour tout le monde. Tel est le service public : et celui-là est gratuit en ce sens qu'on le rétribue avec le fonds commun. Ceux qui prétendent à des services d'une autre catégorie, ceux qui veulent tirer de l'emploi de l'eau municipale d'autres bénéfices, ne peuvent pas exiger la même gratuité, car alors la caisse municipale profiterait aux uns au détriment des autres. Pourquoi l'un aurait-il dans sa maison un robinet de puisage, tandis que l'autre resterait condamné à aller chercher au coin de la rue l'eau nécessaire à la satisfaction de ses besoins individuels ?

XXIV.—MODIFICATION DU TARIF.

La dérivation de Longchamp amène à la ville 1,500 litres d'eau par seconde. Un tableau que j'ai sous les yeux fixe la distribution de la manière suivante. Il attribue :

Aux bornes fontaines.	$0^{m.c.}$	160 litres.
Aux fontaines	0	180
Aux concessions particulières	0	200
Aux usines et manufactures.	0	400
Aux arrosages des abords de la ville.	0	500
Total.	$1^{m.c.}$	500

De ces cinq catégories, deux seulement sont dans les conditions du robinet de puisage : c'est-à-dire que sur 1,500 litres d'eau par seconde, 660 litres seulement peuvent être l'objet d'une redevance, le reste formant le lot du service public.

Reprenons les tarifs comparés de l'eau de Seine et de l'eau de la Durance. Sous ce rapport il n'y a pas une grande différence entre Paris et Marseille ; et si l'on considérait seulement la facilité qu'il y a pour les deux villes à se procurer de l'eau, l'avantage ne serait pas pour Marseille ; ce qui fait qu'à Marseille on n'est pas dans le vrai si l'on paye l'eau moins cher qu'à Paris.

A Paris les plus faibles concessions sont affectées d'une redevance de 0 fr. 66 centimes par mètre cube ; les plus fortes payent l'eau 0 fr. 22 centimes.

A Marseille le maximum est de 0 fr. 19 centimes pour les moindres quantités, et le minimum attribué aux grandes concessions est de 0 fr. 03 centimes seulement. Comparez 0,66 à 0,19 et 0,22 à 0,03, et vous ne trouverez pas, dans les conditions d'existence des deux villes, une seule raison qui puisse justifier un pareil écart.

Le tarif des *eaux publiques* de Marseille doit être modifié de telle sorte que le prix coûtant du mètre cube, pour les onze catégories mentionnées à l'article 5 du décret de 1853, ressortisse en moyenne à 0 fr. 15 centimes, prix inférieur à 0 fr. 19 centimes, supérieur à 0 fr. 03, et sur lequel 0 fr. 10 centimes seraient attribués à la clarification des 1,500 litres qui alimentent l'ensemble des services.

XXV.—NÉCESSITÉ D'ASSURER LA CONSOMMATION.

Cette modification au tarif doit être résolue en principe, après quoi l'administration municipale ouvrira un registre dans lequel les concessionnaires des onze catégories, depuis 5 centilitres par seconde ou 432 litres par jour jusqu'à 1 décilitre par seconde, viendront déclarer qu'ils consentent à cette augmentation de prix. Et quand les adhésions seront au complet, alors seulement il sera permis de poursuivre la réalisation de l'œuvre proposée.

Point de consommateur, point de producteur. Ici le rendement doit garantir le succès comme dans toute industrie.

La quantité d'eau consommée par les concessionnaires doit représenter : 1° l'intérêt et l'amortissement en cinquante ans du capital employé; 2° l'entretien des ouvrages; 3° enfin, et c'est ici l'élément de dépense le plus coûteux, la manutention ou la manipulation journalière.

Je dois le répéter, le système aura sur les 1,500 litres de Longchamp la même efficacité que sur les dix mètres cubes de la branche-mère au pont de Pertuis. Et s'il était permis de dire l'emploi qu'on fait du limon, on verrait que c'est une édition nouvelle de la théorie inventée par Christophe Colomb pour faire tenir un œuf sur la pointe. Mais le mystère là-dessus est commandé par la nécessité; l'indiscrétion pouvant donner lieu à des exigences nuisibles et créer des obstacles sérieux au succès de l'œuvre, quelles que fussent les facilités données par l'expropriation.

XXVI.—Proposition géminée et conclusion.

Le conseil municipal de Marseille est donc appelé à délibérer sur deux propositions fermes.

Par la première, on se met en présence des *dix mètres cubes* d'eau de la branche-mère, et l'on exécute à la tête du canal des travaux dont le principe est approuvé par l'Académie des sciences.

Par la seconde on n'a plus à traiter que les 1,500 *litres d'eau* de la rigole de Longchamp ; et l'on se trouve dans des conditions analogues, et même, en un point, supérieures aux conditions des compagnies anglaises qui fournissent de l'eau filtrée à la ville de Londres.

La supériorité de ces conditions est due à la pression naturelle dont on dispose à Marseille, pression indispensable, que les compagnies filtrantes des bords de la Tamise sont obligées de se procurer artificiellement. Il en résulte pour Longchamp une situation qui permettrait le filtrage en grand, si ce filtrage était industriellement praticable; et si d'ailleurs il n'était pas facile à chacun d'avoir chez soi, et à très-peu de frais, un de ces appareils qui, comme celui de M. Aman Vigié, au moyen d'un sable de choix, fournit de l'eau de table réunissant toutes les qualités que l'on recherche dans une eau destinée à la boisson.

A Marseille on doit se borner à faire les dépenses nécessaires pour que l'eau du canal soit semblable en tout temps à l'eau que fournit la Seine à Paris quand le fleuve est dans son étiage moyen. Une plus grande perfection constituerait un luxe relatif, nullement indispensable au bien-être de la population. Si l'on voulait se procurer ce luxe, on le pourrait absolument, je le répète, et dans de meilleures conditions que les compagnies anglaises, grâce à la pression puissante dont on dispose à Longchamp. Mais on trouvera toujours dans le limon de la Durance, dont la quantité, à certaines époques de l'année, dépasse tout ce que l'on peut imaginer, un obstacle incompatible avec les nécessités économiques imposées par toute grande industrie.

Dans le courant du mois de mai 1841, sur l'invitation de M. de Mont-Richer, le poëte Méry, son excellent frère Louis, et M. Lepeytre, secrétaire général de la mairie, allèrent visiter les travaux du canal de Marseille. Voici les détails de cette excursion, ainsi que les stances improvisées du poëte. Je les dois à la confiante amitié de M. Louis Méry. Ils auront un double attrait pour la cité phocéenne, à cause de l'auteur des stances, et à cause du monument dont il a célébré en beaux vers l'utilité et la grandeur :

« Nous voici à Arbois. C'est un plateau désolé qu'on prendrait pour une steppe de la Tartarie. Là, à quelques pieds du sol, s'élève une cabane que les mineurs ont improvisée pour leur usage, et sous laquelle nous fîmes halte pour déjeuner. La cabane servait à la fois de cuisine et de salle à manger. Nous achevions notre modeste repas, lorsqu'un d'entre nous proposa un toast à M. de Mont-Richer. L'honneur de le porter revenait de droit au poëte qui, comme nous, électrisé par les merveilles que nous avions vues, improvisa les strophes suivantes, écrites sous sa dictée par M. Frédéric Lepeytre.

A M. DE MONT-RICHER.

Elle s'accomplira, cette œuvre grande et belle !
Vous avez apporté sur la roche rebelle
Le glaive de l'archange et le feu des démons :
L'eau trouve sous vos pas des routes inconnues ;
Votre main a creusé des sillons dans les nues,
    Et des abîmes sous les monts!

Je viens de voir assez de montagnes brisées
Pour bâtir aujourd'hui quarante colysées
Élevant vers les cieux un front aérien.
Mais vous avez vaincu l'architecte de Rome,
Car nous préférons tous l'œuvre qui sert à l'homme
    A l'œuvre qui ne sert à rien.

Une armée, avec foi, par votre main guidée,
Poursuit aveuglément votre invincible idée :

La flamme du mineur sort de votre regard ;
Grâce à vous, architecte, à la profonde entaille
Nous pouvons contempler du haut de votre taille
    L'humilité du pont du Gard !

Lorsque votre marteau de conquérant s'approche,
On sent trembler la terre et palpiter la roche ;
Vous courez devant tous, léger comme le vent ;
Et donnant à chacun la récompense due,
Vous passez à travers la montagne fendue,
    Et vous leur criez : en avant !

Marseille ne sait pas que votre main apporte
Comme une coupe d'eau, tout un fleuve à sa porte
Sur des arcs triomphaux créés par des volcans,
Et que cet avenir qui déjà nous invite
Ne sera, dans ce siècle où tout marche si vite,
    Qu'une semaine de cinq ans.

« Cette improvisation eut un succès d'enthousiasme et d'attendrissement. Pendant que le poëte chantait, on vit le rideau qui nous séparait des ouvriers s'écarter silencieusement. C'étaient des mineurs qui, fiers d'entendre leur œuvre et leur chef ainsi glorifiés, venaient lentement et sans bruit prendre leur part de cette poétique fête. — Louis Méry. »

Paris.—Imprimé chez Jules Bonaventure, quai des Grands-Augustins, 55.

OUVRAGES DU MÊME AUTEUR

NOTA. — *Les travaux suivants et qui sont exclusivement relatifs à la question des eaux publiques, sont des mémoires lus à l'Académie des Sciences : leur texte se trouve en entier dans les comptes rendus hebdomadaires.*

Des moyens propres à donner aux eaux publiques la température et la limpidité exigées. (Comptes rendus, t. LI, p. 346.)

De l'aménagement et de la conservation de l'eau de pluie, pour les besoins de l'économie domestique, dans les habitations rurales et les communes dépourvues d'eau courante. (Comptes rendus, t. LI, p. 490.)

Du meilleur mode de distribution des eaux publiques aux habitations des grandes villes. (Comptes rendus, t. LII, p. 33.)

De la nécessité d'introduire les eaux publiques dans les maisons d'habitation comme condition de salubrité générale. (Comptes rendus, t. LII, p. 97.)

Du puits comparé à la citerne, à l'usage des habitations rurales et des maisons de paysan. (Comptes rendus, t. LII, p. 387.)

Des réservoirs d'eaux publiques. (Comptes rendus, t. LIII, p. 147.)

Note sur la présence du carbonate de chaux dans les eaux publiques. (Comptes rendus, t. LV, p. 596.)

Des eaux publiques : Résumé théorico-pratique et conclusion. (Comptes rendus, t. LVI, p. 215.)

De la Seine et des égouts de Paris. (Comptes rendus, t. LVIII, p. 861.)

Sur les rivières et leurs rapports avec l'industrie et l'hygiène des populations. (Comptes rendus, t. LVIII, p. 955.)

De l'élimination des eaux publiques après qu'elles ont servi aux besoins des populations agglomérées. (Comptes rendus, t. LX, p. 616.)

Sur la constitution de la lagune de Venise et les moyens qu'elle suggère pour l'assainissement de la Tamise. (Comptes rendus, t. L, p. 147.)

Note sur les citernes de Venise. (Comptes rendus, t. LI, p. 123.)

Des puits forés à Venise. Résultats définitifs de l'expérience concernant l'application des eaux artésiennes à l'alimentation de cette ville. (Comptes rendus, t. LII, p. 724.)

Du climat et en particulier des lieux de Venise. (Comptes rendus, t. LVII, p. 89.)

Note sur le climat de la ville de Vienne (Autriche). (Comptes rendus, t. LIV, p. 45.)

État actuel des eaux publiques de Paris considérées comme l'un des éléments fondamentaux du climat de la capitale. (Comptes rendus, t. LXIII, p. 291.)

Des observations pluviométriques et de leur importance pour procurer des eaux potables aux populations agglomérées. (Comptes rendus, t. LXIII, p. 597.)

Des eaux publiques de Marseille et de leur influence sur le climat de cette ville. (Huit mémoires imprimés dans les comptes rendus.)

OUVRAGES DU MÊME AUTEUR

Considérations hygiéniques sur les eaux en général, et sur les eaux de Vienne (Autriche) en particulier. 2ᵉ édition. Paris, 1839. Brochure in-8°. (*Epuisé.*)

Essai sur les eaux publiques et sur leur application aux besoins des grandes villes. 1 vol. in-8°. Paris, 1841. (*Epuisé.*)

Note sur un moyen de traiter les eaux publiques avec de la laine. In-folio. Paris, avril 1841.

Note sur les eaux de Venise. In-4° avec planche gravée. Paris, 1842. (*Epuisé.*)

Mémoires sur les eaux de Paris. Projet de distribution générale. Avec une planche dessinée par Adrien Dauzats. Paris, 1860.

Venise. Histoire de ses puits artésiens, avec documents officiels. Paris, 1861.

Des eaux publiques et de leur application aux besoins des grandes villes, des communes et des habitations rurales. Principes fondamentaux concernant la recherche, l'aménagement de l'eau dans tous les pays, la détermination de sa qualité, sa conservation et sa distribution. 1 vol. in-8 de 348-xvi pages. Paris, 1863.

[L'Académie des Sciences a accordé à cet ouvrage le prix dit *des Arts insalubres*, fondé par M. de Montyon. Commissaires : MM. Boussingault, Rayer, Dumas, Payen, Chevreul rapporteur.]

Instruction pratique à l'usage des agents voyers, sur l'aménagement et la conservation de l'eau de pluie, dans les communes et les habitations rurales dépourvues d'eau de source et de rivière. Paris, 1860.

Paris.—Imprimé chez Jules Bonaventure, 55, quai des Grands-Augustins.